HYMNES
ET
PROSES
DE
L'EGLISE

NOUVELLEMENT MISES en vers françois, qui se peuvent chanter sur les chants des Latines.

A Orleans, & se vend.

A PARIS,

Chez la Veuve de DANIEL HORTHE-
MELS, ruë S. Jacques, au Mecenas.

M. DC. XCIII.

Avec Approbation & Permission.

PREFACE.

LA Traduction que l'on donne icy des Hymnes & des Proſes de l'Egliſe, eſt l'ouvrage de pluſieurs perſonnes de pieté : & l'on a ſeulement pris le ſoin de ramaſſer ce que chacun d'eux en avoit fait, pour donner ce Recüeil au public. Cette Traduction a cét avantage ſur toutes les autres, que les vers en étant compoſez à la meſure des vers latins, ces Hymnes & ces Proſes françoiſes pouront être chantées ſur les chants de l'Egliſe. On a crû que ces chants, qui ſont ſi connus au commun des Fidéles, & qu'ils ont accoutumé d'accompagner des mouvemens de leur pieté, ſeroient plus propres pour leur édification, que les airs, ſur leſquels on chante tant d'autres Cantiques ſpirituels.

Il ſeroit aiſé de faire voir l'utilité des ſaints Cantiques, ſi l'on oſoit mettre une longue preface à la tête d'un ſi petit livre. En effet que ne pouroit-on pas dire aprés les ſaints Peres, du zele ardent que l'Egliſe a toujours inſpiré aux Chrétiens pour chanter des Cantiques ſacrez en public & en particulier ? mais

il suffit de raporter icy ce que les Apôtres en ont dit dans leurs Epîtres :
Quelqu'un de vous est il dans la joye,
(a) dit S. Jaques ; *qu'il chante de saints
Cantiques : Instruisez vous,* (b) dit
S. Paul, *& exhortez vous les uns les
autres par des Pseaumes, des Hymnes,
& des Cantiques spirituels, chantant
de cœur avec édification les loüanges du
Seigneur: Ne vous laissez pas aler* (c)
dit le même Apôtre, *aux excés du
vin, d'où naissent les dissolutions ; mais
remplissez vous du saint Esprit, vous
entretenant de Pseaumes, d'Hymnes &
de Cantiques spirituels, chantant &
psalmodiant du fond de vos cœurs au
Seigneur.*
(a) S. Iaq. v. 13. (b) Col, III. 16. (c) Eph. v. 18. 19.

On se croit obligé d'avertir les personnes qui ont le
goût & le talent de la poësie Chrétienne, que s'ils veu-
lent entreprendre de faire une Traduction des Hymnes de
l'Eglise, qui soit plus parfaite que celle-cy, & dans le même genre, il faut ne se servir que de rimes masculines
dans tous les vers françois qui repondent aux vers latins
dont la derniere syllabe se chante sur une seule note, par-
ce qu'en cette occasion dans les vers feminins, il se trou-
veroit une syllabe, pour laquelle le chant de l'Hymne latine
ne fourniroit aucun ton : & qu'au contraire, il faut ne se
servir que de rimes feminines dans les vers françois qui
repondent aux vers latins dont la derniere syllabe se chante
sur plusieurs notes, l'expérience faisant voir qu'il est tres-
desagreable à l'oreille, d'entendre traîner sur plusieurs notes la dernière syllabe d'un vers françois.

APPROBATION.

De Messieurs Mauduison, Aleaume & Boyetet Docteurs en Theologie de la Faculté de Paris.

NOus soûsignez Docteurs en Theologie de la Faculté de Paris, certifions avoir leu un Livret intitulé, *Hymnes & Proses de l'Eglise*, nouvellement traduites en vers François, qui peuvent se chanter sur le chant des Latines. Nous n'y avons rien trouvé de contraire à la Foy, ny aux bonnes mœurs; & nous estimons qu'il pourra être utile pour l'édification des Fideles. Fait à Orleans le 3. Juillet 1693.

F. MAUDUISON. ALEAUME.
BOYETET DE PERPIGNAN.

Permission.

VEu l'Approbation des Docteurs, permis d'imprimer. Ce 6. Juillet 1693.

CURAULT.

HYMNES ET PROSES
DE L'EGLISE.

Pour le Dimanche. Lucis Creator &c.

PRINCIPE de toute beauté,
  Qui fîtes d'abord la clarté,
  En creant tant de corps divers,
  Qu'on admire dans l'Univers.
On voit par vôtre ordre divin,
  Le soir succeder au matin :
  La nuit sombre vient nous couvrir;
  Daignez, Seigneur, nous secourir.
Daignez preserver nôtre cœur
  De toute mortelle langueur :
  Faites que jamais au peché,
  La mort ne le trouve attaché.
Que nos cris penetrent les Cieux :
  Que pour être victorieux,
  Nous combations avec ardeur,
  Les desirs dereglez du cœur.
Pere & Fils, éxaucez nos vœux;
  Et vous qui procedez des deux,
  Esprit, divin Consolateur,
  Enflammez nous de vôtre ardeur.

A Complie. Te lucis &c.

AVANT la fin du jour qui fuit,
  Faites, Seigneur, qu'en cette nuit,
  Nous sentions le même secours,
  Que vous nous accordez toujours.

3

Eloignez les songes fâcheux,
  Et les fantômes tenebreux :
  Ne souffrez pas que l'ennemi
  Soüille nôtre corps endormi.
Accordez nous cette faveur,
  Vous Pere, & vous Fils Redempteur :
  Vous Esprit saint, amour des deux,
  Ecoutez nos cris & nos vœux.

Pour l'Avent. Conditor alme &c.

VOus dont le Ciel tient ses splendeurs,
  Unique Redempteur de tous,
  Lumiere éternelle des cœurs,
  CHRIST adorable, écoutez nous.
Touché de voir qu'un triste sort
  Nous exposoit tous à perir ;
  Pour nous garentir de la mort,
  Vous estes venu nous guerir.
Dans la plenitude des temps,
  Une Vierge vous a conçû :
  Et c'est de ses augustes flancs,
  Que les mortels vous ont reçû.
Vous sortez comme un jeune Epoux,
  De ce beau lit de chasteté,
  Ou Dieu s'abaissant jusqu'à nous,
  S'est joint avec l'humanité.
La nature dit en tous lieux,
  Qu'elle est soumise à vôtre Loy :
  Et sur la Terre & dans les Cieux,
  Vous étes reconnu pour Roy.

Vous qui viendrez au dernier jour
  Juger tout ce vaste Univers,
Defendez nous par vôtre amour,
  Contre le Prince des Enfers.
Gloire, salut, force, splendeur
  A la Tres-sainte Trinité,
  En qui trois sont un seul Seigneur
Pendant toute l'éternité.

Pour la Feste de la Conception, & les
autres Festes de la sainte Vierge.
Ave maris stella.

VIERGE que Dieu le Fils
  Sans époux rend sa Mere,
Astre dont la lumiere
Nous mene au Paradis.
L'Eglise te benit
  A l'éxemple de l'Ange :
  Fais que le sort se change
De ceux qu'Eve perdit.
Nous soufrons tous les jours
  Mille & mille miseres :
  De Dieu par tes prieres
Obtien nous le secours.
Que tout le genre humain
  Te sente être la Mere
  De celuy qui sans Pere,
Daigna naître en ton sein.

Obtien nous la douceur,
    Dont tu fus le modele :
    Obtien, Vierge immortelle,
    La pureté du cœur.
Par toutes les vertus
    Condui nous dans la voie,
    Qui procure la joie
    De voir toujours J e s u s.
Au Pere Createur,
    Au Fils nôtre esperance,
    A l'Esprit sa puissance,
    Aux trois pareil honneur.

Pour le jour de Noël. A Vespres.
    Christe Redemptor &c.

J E S U S Sauveur du genre humain,
    Que Dieu de toute éternité,
    Fit naître dans son propre sein,
    Sans detruire son Unité.
Du Pere lumiere & splendeur,
    Espoir assuré des pecheurs,
    Exauce en tous lieux, ô Seigneur,
    L'humble voix de tes serviteurs.
Souvien toy du jour du salut ;
    Jour auquel ta Divinité
    Dans un tres-chaste sein voulut
    Revétir nôtre humanité.
Ce jour qui revient tous les ans,
    Montre que du sein Paternel,

Tu fortis dans ce même temps,
Pour nôtre falut éternel.
Dans les Cieux, la Terre & les Mers,
On chante l'ineffable amour
Du Roy de ce vafte Univers,
Qui te fit naître en ce faint jour.
Mais c'eft fur tout à nous pecheurs,
Nous que ton Sang a rachetez,
D'animer aujourd'huy nos cœurs,
Et de publier tes bontez.
Gloire foit au divin Sauveur,
Qui d'une humble Vierge naquit:
Qu'on celebre auffi la grandeur
Et du Pere & du faint Efprit.

Pour le jour de Noël. A Laudes.
A Solis ortu &c.

D'ORIENT jufqu'en Occident,
Chantons en Cantiques divers,
JESUS d'une Vierge naiffant,
Pour regner fur tout l'Univers.
Du monde ce grand Createur,
Fait homme en faveur des humains,
Prend la chair dont il eft l'auteur,
Pour fauver l'œuvre de fes mains.
D'une Vierge le facré flanc
Reçoit un trefor inconnu;
L'Efprit faint animant fon fang,
Dans fon fein le Verbe eft venu.

Ce chaste sein devint pour nous,
 Le Temple sacré du Sauveur :
 MARIE eut un Fils sans époux,
 En disant : J'y consens, Seigneur.
La Vierge enfanta, (qui l'eût crû ?)
 Ce Fils predit par Gabriel,
 Et que Jean à peine conçû
 Sentit être le Roy du Ciel.
Celuy qui nourrit les oiseaux,
 A du lait pour tout aliment:
 Et sous le toit des animaux,
 On voit l'auteur du Firmament.
De Dieu les divins Messagers
 Chantent au Ciel à son honneur :
 Et la troupe des saints Bergers,
 En Terre adore sa grandeur.
Gloire soit au divin Sauveur,
 Qui d'une humble Vierge naquit :
 Qu'on celebre aussi la grandeur
 Et du Pere & du saint Esprit.

Pour le jour des SS. Innoc. Salvete &c.

VOus des Martyrs le jeune chœur,
 Que, pour perdre un divin Enfant,
Comme un vent fait la tendre fleur,
Un Tiran detruit en naissant.
Saintes premices des Martyrs,
 Mourir pour JESUS, sur l'autel,
 Ce sont là vos premiers plaisirs,
 Comme vôtre honneur immortel.

Gloire soit au divin Sauveur,
   Qui d'une humble Vierge naquit:
   Qu'on celebre aussi la grandeur
   Et du Pere & du saint Esprit.

Le jour des Rois. Christe Herodes &c.

HERODE impie & furieux ,
   Pourquoi craignez vous le Sauveur ?
   Il n'est pas descendu des Cieux,
   Pour usurper vôtre grandeur.

Loin d'envier aux Souverains
   Leur inconstante dignité ,
   Il vient faire part aux humains
   Des grandeurs de l'Eternité.

Les Mages qu'un Astre a conduits
   A la Lumiere des vivans,
   Etant divinement instruits,
   Le reverent par leurs presens.

JESUS l'Agneau venu des Cieux,
   Batisé dans l'eau du Jourdain ,
   Fait des eaux un bain precieux,
   Pour laver tout le genre humain.

Par un prodige tout nouveau,
   A Cana le jour d'un festin ,
   Son commandement donne à l'eau,
   Toutes les qualitez du vin.

Glorifions nôtre Sauveur ,
   Qui se manifeste aujourd'huy ,
   Le Pere nôtre Createur ,
   Et l'Esprit saint , Dieu comme luy.

Pour le Carême. A Vespres.
Audi benigne &c.

VOus de qui nous tenons le jour,
  Dieu Createur, source d'amour,
Ecoutez en ce temps de pleurs,
Les cris sinceres de nos cœurs.
Vous connoissez, Dieu de bonté,
  Nôtre extrême fragilité:
  Seigneur, calmez vôtre courroux,
  Pour ceux qui retournent à vous.
Comme nous n'avons point caché,
  La grandeur de nôtre peché,
  Pour la gloire de vôtre Nom,
  Accordez nous en le pardon.
Qu'en nous abstenant au dehors
  De ce qui flate nôtre corps,
  Nôtre esprit degagé des sens,
  Quitte tout crime en même temps.
Faites, ô Sainte Trinité,
  Eternelle & simple Unité,
  Que nous puissions tirer le fruit
  Des jeûnes que l'on nous prescrit.

Pour le Carême. A Matines.
Ex more docti &c.

CHRETIENS, il faut pendant le cours
  Du jeûne de quarante jours,
  Qui nous est prescrit en ce temps,
  Vivre en sinceres penitens.

Dans ce jeûne l'Eglife fuit
   Moïfe, Elie & JESUS-CHRIST,
   De qui, comme de nôtre Roy,
   L'éxemple nous tient lieu de loy.
En tout agiffons fobrement :
   Moins d'entretien ; moins d'aliment;
   Moins de plaifir, de ris, de jeu :
   Veillons fur nous, & dormons peu.
Fuyons ce qui peut engager
   Nôtre cœur dans quelque danger,
   De peur que l'ennemi trompeur
   Ne vienne furprendre ce cœur.
Que nos larmes baignent nos yeux;
   Que nos cris penetrent les Cieux :
   Et pour appaifer nôtre Dieu,
   Crions humblement en tout lieu :
Nos offenfes, Dieu de bonté,
   T'ont trop juftement irrité :
   Dieu, quoy qu'offencé, toujours bon,
   Accorde nous en le pardon.
Nous fommes foibles, ô faint Roy :
   Mais enfin nous fommes à toy :
   A d'autres pourrois tu ceder
   Ce que toy feul dois poffeder ?
Pardonne nous tous nos forfaits :
   Accorde nous tous tes bienfaits :
   Que nous puiffions plaire à tes yeux
   Et fur la Terre & dans les Cieux.

Faites, ô Sainte Trinité,
  Eternelle & simple Unité,
  Que nous puissions tirer le fruit
  Des jeûnes que l'on nous prescrit.

Pour le tems de la Passion. Vexillà &c.

VOICY l'étendart venerable,
  Voicy le Bois mysterieux,
  Sur lequel pour l'homme coupable,
  Expira le Maître des Cieux.
Là son Corps percé d'une lance,
  Par un prodige tout nouveau,
  Pour reparer nôtre innocence,
  Nous fit un bain de Sang & d'Eau.
Alors s'accomplit le miracle,
  Que David predit autrefois;
  Et selon son divin Oracle,
  On vit Dieu regner sur le Bois.
Arbre, des arbres la merveille,
  Peut-on trouver en quelque lieu,
  Une autre tige à toy pareille,
  Qui pour fruit porte un Homme-Dieu.
O Croix, que ta honte est changée !
  Que ton sort devint glorieux,
  Dés l'instant que tu fus chargée,
  Du Roy qui nous ouvrit les Cieux !
Je mets en vous mon esperance,
  JESUS sur la Croix attaché :
  Du juste augmentez l'innocence ;
  Du pecheur lavez le peché.

Que tout l'Univers vous revere,
  O Trinité, dans vos bienfaits ;
  Et par cette Croix falutaire,
  Regnez fur nos cœurs à jamais.

Pour le tems de Pâques. Ad cœnam &c.

ALLONS au feftin de l'Agneau,
  Revêtus d'un vêtement blanc
  Lavé dans fon precieux Sang,
  Et chantons un hymne nouveau.

Nous vivons en Dieu faintement,
  Puifque le corps du Roy des Rois,
  Preparé pour nous fur la Croix,
  Eft devenu nôtre aliment.

Du glaîve de l'Ange irrité,
  Ce Sang pur nous met à couvert :
  Malgré le Prince de l'Enfer,
  Il nous remet en liberté.

JESUS-CHRIST eft l'Agneau divin,
  Qui pour nous a voulu mourir,
  En venant à fon Pere offrir
  Sa Chair comme un pain fans levain.

Agneau qui rens vains les efforts
  Du cruël Tiran des Enfers,
  Qui des captifs brifes les fers,
  Et qui donnes la vie aux morts.

Du tombeau tu fors glorieux :
  Ton bras triomphant du demon,
  L'enferme en fa noire prifon ;
  Et tu viens nous ouvrir les Cieux.

Seigneur, que de ce bras si fort,
Il te plaise dans ces saints jours,
Nous faire sentir le secours,
En nous delivrant de la mort.
Pere tres-bon, Esprit de paix,
Et toy de qui le sacré Corps
Resuscite d'entre les morts,
Qu'on vous glorifie à jamais.

Pour l'Ascension. Sur le chant de l'Oratoire.
Jesu nostra redemptio.

JE s u s nôtre doux Redempteur,
Nôtre desir & nôtre amour,
Dieu de tout être Createur,
Fait homme en ce mortel séjour.
O quelle étonnante bonté
Te rendit victime pour nous !
Que cette bonté t'a coûté,
Mourant pour nous delivrer tous !
Pour tes Saints pleins d'un long ennuy,
Tu descendis aux sombres lieux ;
Et vainqueur tu viens aujourdhuy
Reprendre ton rang dans les Cieux.
Vien encor par le même amour,
Vaincre tous nos mauvais desirs,
Pour nous faire goûter un jour
Prés de toy d'éternels plaisirs.
Sois nos delices icy bas,
Comme dans le Ciel nôtre prix,
Lorsque tu nous eleveras
Au rang des bienheureux Esprits.

Pour la Pentec. Sur le chant precedent.
Veni Creator Spiritus.

VEnez Esprit Saint, Createur,
  Daignez descendre en nôtre cœur:
Versez vos dons sur les humains ;
Ils sont l'ouvrage de vos mains.
O Consolateur toutpuissant,
  De Dieu magnifique present,
  Source vive, feu, charité,
  Ineffable suavité.
Auteur des sept celestes dons,
  Doigt de Dieu, qui formez les bons,
  Et qui consacrant des Pescheurs,
  En fistes vos saints Orateurs.
Enseignez nous la verité,
  Versez en nous la charité,
  Pour nous conserver innocens,
  Malgré les efforts de nos sens.
Du demon repoussez les traits ;
  Donnez nous promptement la paix:
  Qu'à vos saintes Loix attachez,
  Nous évitions tous les pechez.
Faites connoître à nos esprits,
  Le Pere aussi bien que le Fils :
  O saint Esprit, amour des deux, (eux.
  Que nous vous connoissions comme
A l'ineffable Trinité,
  Au Pere, au Fils resuscité,
  Comme à l'Esprit Consolateur,
  Qu'on rende un éternel honneur.

Prose pour le jour de la Pentecôte.
Veni sancte Spiritus.

VIEN du Ciel, Esprit divin :
Vien repandre en nôtre sein,
Le feu de ta Charité.

Vien des pauvres le soutien,
Vien source de tout vray bien,
Vien des esprits la clarté.

CONSOLATEUR toutpuissant,
Hôte du cœur innocent,
Sûr remede à nos douleurs.

Dans nos peines doux repos,
Du cœur tu calmes les flots,
Des yeux tu seches les pleurs.

DIVIN Soleil de nos cœurs,
Eclaire par tes splendeurs,
Leurs replis les plus cachez.

Des hommes sans ton secours,
Et les faits & les discours
Ne sont qu'erreurs, que pechez.

LAVE en nous l'iniquité :
Arrose l'aridité :
Vien guerir toute langueur.

Que le cœur dur soit brisé,
Et le cœur froid embrasé :
Vien dissiper toute erreur.

A QUICONQUE espere en toy,
Donne en faveur de sa foy,
Tes sept dons si precieux :

Fay nous vivre purement ;
Fay nous mourir faintement ;
Fay nous regner dans les Cieux.

Pour la Fefte de la Trinité.

O Lux beata Trinitas.

O GLORIEUSE Trinité,
En trois fouveraine Unité,
La lumiere du jour s'enfuit ;
Eclairez nos cœurs dans la nuit.
Nous vous loüons des le matin,
Et quand le jour eft fur fa fin ;
Que dans le féjour de la paix,
Nous vous beniffions à jamais.
Gloire foit au Pere éternel ;
Gloire au Fils qui s'eft fait mortel ;
Gloire à l'Efprit de charité,
Dans le temps & l'éternité.

Pour la Fefte du Saint SACREMENT.

A Vefpres. Pange, lingua, &c.

QUE nos voix du Corps glorieux
Chantent le divin Myftere :
Celebrons du Sang precieux
Le Calice falutaire :
Sang que le Roy de l'Univers,
Verfa pour brifer nos fers.
Son amour ne s'eft pas borné
A prendre nôtre nature :
Mais aprés nous avoir donné
Sa parole en nourriture,

Il fit un admirable pain,
Pour nourrir le genre humain·
  La nuit qui prevint son trepas,
Lorsqu'avec ses douze freres,
Il eut en son dernier repas,
Mangé l'Agneau de leurs peres,
Son vray Corps fut le mets divin,
Qu'il leur donna de sa main.
  Le Verbe fait chair, d'un vray pain,
Forma sa Chair veritable:
Sa parole changeant le vin,
En fit son Sang adorable:
En vain nôtre œil y contredit;
Au Chrêtien la foy suffit.
  Rendons à ce grand Sacrement,
Du fond du cœur nos hommages:
Il fait cesser heureusement
De la Loy tous les nuages:
Au defaut des sens, que la foy
Reconnoisse icy son Roy.
  O Pere, ineffable bonté,
Que sans cesse on vous honore:
O Fils, suprême verité,
Qu'à jamais on vous adore:
O Saint Esprit, amour des deux,
Qu'on vous benisse avec eux.

Pour la Feste du Saint SACREMENT.
A Matines. Sacris folenniis, &c.

DURANT ces facrez jours, fideles éclatez
En cris de joye, en chants pouffez de tous côtez :
Un Myftere nouveau demande à l'U-
nivers
De nouveaux cœurs, de nouveaux vers.
Nous chantons le repas, ou JESUS
nôtre Roy,
Preft de mourir pour nous, voulut rem-
plir la Loy,
Faifant manger aux fiens la Pâque avec
le pain
Qui devoit être fans levain.
Aprés avoir mangé fa figure en
l'Agneau,
Il y fit fucceder un Sacrement nou-
veau,
Aux douze fe donnant à manger en
commun,
Entier cependant à chacun.
Il nous donne fa Chair, pour guerir
nos langueurs ;
Il nous donne fon Sang, pour confoler
nos cœurs :
Voicy le Sang qui va fe repandre pour
vous,
Prenez, dit-il, beuvez en tous.

Prêtres de Jesus-Chrift, c'eft à vous feulement
De pouvoir difpenfer ce divin Sacre-
ment :
A vous feuls en mourant il voulut or-
donner :
De le prendre & de le donner.
Le pain de l'Ange eft fait de l'homme
l'aliment,
Ainfi le figuroit le premier Teftament:
O Miracle d'amour, qu'adore nôtre foy!
L'efclave mange icy fon Roy.
Pere, Fils, Efprit Saint, que reverent
nos cœurs,
Daignez nous accorder vos plus faintes
faveurs :
Et faites que nos pas tendent vers les
clartez
Du fejour que vous habitez.

Pour la Fefte du Saint SACREMENT.
A Laudes. Verbum fupernum &c.

IESUS né pour l'homme mortel,
Sans quitter le fein paternel,
Par un myftere glorieux ,
Termina fa vie en ces lieux.
Sûr qu'à la mort fon Corps facré ,
Par un traître feroit livré ,
Il en fit un mets tres exquis ,
Pour le livrer à fes amis.

Sous un fimbole different,
  Il donne fon Corps & fon Sang :
  Afin que ce mets fingulier
  Nourriffe l'homme tout entier.
Il devient mon frere en naiffant,
  Mon vray pain en me nourriffant,
  Ma rançon en mourant pour moy ,
  Au Ciel ma couronne & mon Roy.
Agneau , dont le Sang precieux
  Nous ouvre la porte des Cieux ,
  Mille ennemis fondent fur nous ,
  Venez nous aider , hâtez vous.
Gloire à l'augufte Trinité ,
  Qui vit & regne en unité :
  Grand Dieu qu'aux celeftes palais ,
  Nous vivions en vous à jamais.

Profe pour la Fefte du S. SACREMENT.
  Lauda , Sion , Salvatorem.

L Oüe, ô Sion , ton Redempteur ,
  Ton chef, ton guide , & ton pafteur,
Par des cantiques divers.
  Epuife toy , pour le loüer ;
Et ne laiffe pas d'avoüer ,
Qu'il furpaffe tous nos vers.
  O QUEL fujet édifiant !
Un Pain vivant , vivifiant
Eft l'objet de nos tranfports.
  C'eft ce Pain qu'au dernier repas,
JESUS , aux douze tu donnas ,
Ce Pain que tu fis ton Corps.

Qu'on entende par tout nos chants,
Qu'ils soient doux, qu'ils soient éclatans,
Qu'ils soient dignes du Seigneur.

Car voicy le Jour solennel,
Qui de ce repas éternel
Nous rapelle le bonheur.

Tout change icy ; nouvelle Loy,
Nouvelle Pâque, nouveau Roy ;
Le culte ancien est detruit.

O precieuse nouveauté !
L'ombre cede à la verité,
Et le jour chasse la nuit.

Ce que Christ fit en ce banquet,
C'est ce que son Eglise fait
En sa memoire aujourd'huy.

Nous suivons son ordre divin,
Consacrant le pain & le vin,
Et le transformant en luy.

Ouy, le pain en son Corps divin
Sur l'Autel se change, & le vin
En son Sang pareillement.

Ce que nos yeux ne sauroient voir,
Ny nos esprits bien concevoir,
La Foy le croit vivement.

O que sous ces signes divers,
De grands Mysteres sont couverts ?
Tout est icy merveilleux :

Les Simboles ont même rang ;
L'un est son Corps, l'autre est son Sang;

Il eſt entier dans les deux.

On le prend, mais ſans le briſer:
Les Prêtres peuvent diviſer
Les eſpeces ſeulement.

Il eſt là tel qu'il eſt icy;
Un ſeul le reçoit, mille auſſi,
Jamais ne ſe conſumant.

Receu du méchant & du bon,
Mais de differente façon,
Vie à l'un, à l'autre mort.

Ainſi dans ce grand Sacrement,
De deux mangeans cet aliment,
O que diſſemblable eſt le ſort!

On romt l'Hoſtie, & nôtre foy
Le voit par tout entier en ſoy:
Comme en l'Hoſtie, également
Il eſt en chaque fragment.

Que le ſigne ſoit diviſé,
Qu'il ſoit rompu, qu'il ſoit briſé
Par le Prêtre ou par le Chrêtien,
La ſubſtance ne perd rien.

De l'homme ici bas pelerin,
Ce Pain eſt le mets tout divin,
Qu'aux chiens preſts à le profaner,
On ne doit jamais donner.

De ce Sacrement ſans égal,
Iſac, comme l'Agneau Paſcal,
Avec la Manne ont figuré
Le myſtere reveré.

BON Pasteur, veritable Pain,
Sauveur de tout le genre humain,
Vien nous nourrir, protege nous;
Et nous fay voir ces biens si doux
De la terre des Vivans.

TOY qui fais tout, toy qui peus tout:
Toy qui seul contentes le goût
Des cœurs qui pour toy sont fervens,
Fay qu'avec tes Saints en ta paix,
Nous t'adorions à jamais.

Pour la Feste de S. Jean Baptiste.
Ut queant laxis resonare fibris.

OBTENEZ du Ciel, bienheureux
Precurseur,
Que nous ayons part à vôtre pureté:
Et nous chanterons de la bouche & du
cœur
Vôtre sainteté.
Un Ange du Ciel descendu dans ces
lieux,
Afin d'annoncer vos futures grandeurs,
Vous donna luy même un nom myste-
rieux,
Et plein de douceurs.
Vôtre Pere alors saisi d'étonnement,
Se laissant surprendre à l'incredulité,
Fut frapé d'un promt & juste châtiment,
Pour avoir douté.

Sa bouche, grand Saint, fut fermée
à l'inſtant :
Rien dans cet état ne le put ſecourir,
Juſqu'à l'heureux jour, ou vous même
naiſſant
La deviez rouvrir.
Sainte Elizabeth vous portant dans
ſes flancs,
Vous étiez déja Prophete du Sauveur ;
Et vous appreniez à vos heureux parens,
Quelle eſt ſa grandeur.
Loüons dans le temps & dans l'éter-
nité,
Le Pere & le Fils avec l'Eſprit de paix,
Egaux en pouvoir comme en divinité,
Amen à jamais.

Pour la Feſte de tous les Saints.
JESUS Salvator ſæculi.

IESUS, ſauve par tes bontez,
Ceux que ton Sang a rachetez :
Et toy, Vierge & Mere à la fois,
Daigne à nos cris joindre ta voix.
Anges purs, Meſſagers des Cieux,
Vous Patriarches glorieux,
Grands Prophetes, priez pour nous,
Et du Ciel calmez le couroux.

Toy

Toy de Chriſt le ſaint Precurſeur,
Sois vers luy nôtre interceſſeur :
Et vous Apôtres glorieux ,
De nos pechez rompez les nœuds.

Martyrs, Pontifes, Confeſſeurs ,
De ce monde nobles vainqueurs ,
Vierges épouſes du Sauveur,
Implorez pour nous ſa faveur.

Des deſerts heureux Habitans ,
Qui viviez pauvres & contens ,
Par vos vœux faites nous un jour,
Joüir du celeſte ſéjour.

Louange, honneur, gloire & pouvoir,
Au Pere, à ſon Fils nôtre eſpoir :
Au ſaint Eſprit également
Soit empire éternellement.

HYMNES DU COMMUN
DES SAINTS.

Pour les Apôtres. Exultet, &c.

CHANTEZ , Celeſtes Habitans ;
mortels, joignez vous à leurs chants ;
Uniſſons nous pour rendre honneur
Aux ſaints Apôtres du Seigneur.

Du ſiecle à venir Juges ſaints ,
Vives lumieres des humains ,
Nous élevons nos voix vers vous ;
Daignez interceder pour nous.

Vous dont le pouvoir glorieux,
Par Chrift ouvre & ferme les Cieux,
Delivrez nos cœurs attachez
Au funeste joug des pechez.

    Vous gueriſſiez les maux du corps,
Et vous rendiez la vie aux morts ;
Gueriſſez nous de nos langueurs,
Et rendez la vie à nos cœurs.

    Qu'au dernier jour ſi redouté,
Le Juge plein de Majeſté,
Nous faſſe par vôtre faveur,
Entrer dans l'éternel bonheur.

    Au Pere, ſource de bonté,
Au Fils, ſa divine clarté,
Au ſaint Eſprit Conſolateur,
Soit loüange & ſuprême honneur.

Pour un Martyr. Deus tuorum, &c.

DE tes ſaints Combatans, Seigneur,
Toy ſeul le prix & le bonheur,
Nous chantons l'un de ces Soldats :
Protege nous dans nos combats.

    Du monde qui ſeduit les cœurs,
Mepriſant les vaines douceurs,
Il parvint au ſéjour de paix,
Qui ſeul eut pour luy des attraits.

    Ayant combattu fortement,
Ayant triomphé conſtamment,
Il joüit du prix de ſa foy,
Qui luy fit tout ſouffrir pour toy.

Dans ce triomphe glorieux,
Que ce Martyr victorieux
Vainque encor aujourdhuy pour nous,
Seigneur, ton trop jufte couroux.
Loüange au Pere des efprits :
Loüange à fon unique Fils :
Loüange à l'Efprit d'unité,
Dans le temps & l'éternité.

Pour plufieurs Martyrs. Sanctorum.

IOIGNONS nous pour chanter d'in-
vincibles Guerriers,
Celebrons de leur foy les immortels
lauriers :
Une nouvelle ardeur s'alume dans nos
cœurs,
Pour loüer ces nobles Vainqueurs.
Le monde n'eut pour eux que mépris
& qu'horreur,
Voyant qu'ils méprifoient fa fragile
grandeur,
Et vous fuivoient toûjours, pleins d'a-
mour & de foy,
O J E S U S, leur fouverain Roy.
Ces Heros ont bravé des Tirans le
couroux :
On les voyoit contens fous les plus ru-
des coups :
Et les ongles de fer qui dechirent leurs
corps,   (forts.
Sur leurs cœurs font de vains ef-

Ils étoient égorgez comme de doux
agneaux,
Sans qu'on les entendît se plaindre de
leurs maux :
Et leur cœur innocent , seur de sa pu-
reté,
Conservoit sa tranquillité.
Quelle langue pouroit exprimer le
repos,
Et les biens préparez à ces divins He-
ros :
Empourprez de leur sang , ces Martyrs
glorieux
Brillent & regnent dans les Cieux.
Divine Trinité, purifiez nos cœurs;
Bannissez tous les maux loin de vos
serviteurs :
Soûtenez nous en tout : qu'en l'éter-
nelle paix,
Nous vous rendions gloire à jamais.

Pour les Confesseurs. Iste Confessor.

CE saint Confesseur de la divine Loy,
Dont nous celebrons & le zele &
la foy,
En ce jour monta triomphant & joyeux,
Au plus haut des Cieux.
Tant qu'il a vécu, pour Dieu toujours
ardent ,
Sobre, chaste, pur, pieux, humble, prudent,

Rien n'a pû troubler , dans sa rare
    douceur ,
    La paix de son cœur.
Prés de son Tombeau , de pauvres
    languiſſans
Venant l'invoquer dans leurs beſoins
    preſſans ,
Dieu, pour declarer quelle eſt ſa ſain-
    teté ,
    Leur rend la ſanté.
Uniſſons nous tous & de voix & de
    cœur :
Chantons hautement cet hymne à ſon
    honneur ,
Afin qu'au beſoin nous reſſentions toû-
    jours
    Son puiſſant ſecours.
Salut, gloire, honneur, pendant l'éter-
    nité ,
Au Dieu ſouverain , Un en ſa Trinité,
Qui du haut des Cieux par ſes ordres
    divers ,
    Regle l'Univers.

Pour les Vierges. Jᴇsu corona, &c.

O JESUS, des Vierges le Roy,
    Qu'une Vierge pleine de foy,
Enfanta par un ſort heureux,
Soyez favorable à nos vœux.

Au milieu de ces chastes lis,
Par vos purs rayons embellis,
Vous brillez, adorable Epoux,
Et vos Epouses prés de vous.

Quelque part que tournent vos pas,
Eprises de vos saints apas,
Elles vous suivent en tous lieux,
Avec des chants saints & joyeux.

Auteur de la Virginité,
Accordez nous la pureté :
Que de cet angelique état,
Rien ne ternisse en nous l'éclat.

Salut, vertu, loüange, honneur
A vôtre adorable grandeur,
Pere, Fils, Esprit d'unité,
Durant toute l'éternité.

Pour les saintes Femmes. Fortem virili.

D'Une sainte Femme en ce jour,
Chantons le cœur masle & la foy :
Chantons son éclatant amour
Pour Jesus son souverain Roy.

De ce monde pernicieux,
Elle abhorroit les vains appas :
Et pour s'élever vers les Cieux,
Rien ne luy coûtoit icy bas.

Les jeûnes domterent son corps
Et l'oraison nourrit son cœur :
Quels sont aprefent ses transports
Dans le sacré sein du Seigneur ?

O force des cœurs genereux,
Jesus, qui faites tout en tous,
Laissez vous flechir à nos vœux;
La Sainte intercede pour nous.
 Gloire soit au Pere à jamais :
Gloire soit au Fils en tout lieu :
Gloire soit à l'Esprit de paix :
Gloire aux trois qui ne sont qu'un Dieu.

Pour la Dedicace des Eglises. Sur le
Pange lingua, *de l'Oratoire.* Urbs &c.

IERUSALEM, Ville de paix,
Pleine d'éternels attraits,
Les pierres dont on la bâtit,
Vivent du divin Esprit :
Elle a pour couronne de fleurs,
Des Anges les sacrez chœurs.
 Avec un éclat tout nouveau,
Cette Epouse de l'Agneau,
Vient du Ciel son lit nuptial :
Ses charmes n'ont rien d'égal :
Chaque édifice, chaque mur
Y paroist d'un or tres pur.
 Le rubis & le diamant,
Des portes font l'ornement :
Le Seigneur ne les ferme pas :
Qui pour luy soufre icy bas,
Est admis pour l'éternité,
Dans cette heureuse Cité.

Ces pierres aprés le marteau,
Se poliſſent au cizeau :
Elles ſouffrent differens coups :
Mais ils leur paroiſſent doux :
Et l'architecte eſt le grand Dieu,
Qui les place dans leur lieu.

Gloire à Dieu, Pere des eſprits :
Gloire à ſon Unique Fils :
Gloire, force, loüange, honneur
A l'Eſprit Conſolateur :
Gloire à l'auguſte Trinité,
Qui regne dans l'unité.

Proſe des Morts. Dies iræ, &c.

O Triste jour, jour plein d'horreur,
Jour de vengeance & de fureur,
Où par le feu tout perira.

Quand pour nous juger nous verrons
Le grand Dieu que nous adorons,
Quelle crainte nous ſaiſira ?

La trompette d'un ſon affreux,
Pour eſtre heureux ou malheureux,
Raſſemblera tous les humains.

Dans quel trouble ſeront les morts,
Qui viendront comparoître alors
Au tribunal du Saint des Saints ?

Pour juger ce vaſte Univers,
Les grands livres ſeront ouverts,
Où Dieu marque tout de ſa main.

Rien à ſes yeux n'échapera,

Rien d'impuni ne paſſera
Devant ce Juge ſouverain.

Que repondray-je alors, Seigneur?
Qui raſſurera le pecheur,
Quand les juſtes mêmes craindront?

Si tu n'oppoſes, ô grand Roy,
Ta grace à ta ſévere loy,
Ah! mes pechez m'abîmeront.

Sauve moy, ſource de bonté;
Songe à ce que je t'ay coûté:
Voudrois tu me perdre en ce jour?

Un Dieu ſeroit-il vainement
Mort pour moy ſi honteuſement,
Par un excés de ſon amour?

Efface donc tous mes pechez:
Que par ta grace ils ſoient cachez
Au jour de ton avenement.

Tout plein de honte & de regret,
En public ainſi qu'en ſecret,
Je ſuis dans le gemiſſement.

Pardonne moy par ton ſaint nom;
La Pechereſſe & le Larron
Eſtoient, comme moy, criminels.

Seigneur vien m'abſoudre comme eux;
Exauce mes indignes vœux;
Sauve moy des feux éternels.

Que ſeparé des boucs maudits,
Je me voye au rang des brebis,
A ta droite, ô divin Jeſus.

Quand ta Juſtice aux feux vengeurs
Condamnera tous les pecheurs,
Place moy parmy tes Elûs.

CONTRIT, proſterné devant toy,
Je t'en conjure, ſauve moy
Dans ce jour de pleûrs & d'effroy.

JOUR terrible où Dieu jugera
L'homme qu'il reſſuſcitera !
Seigneur, que ta ſeverité
Cede en ce jour à ta bonté :

DONNE aux morts, ô Dieu de paix,
Un ſaint repos pour jamais.

FIN.